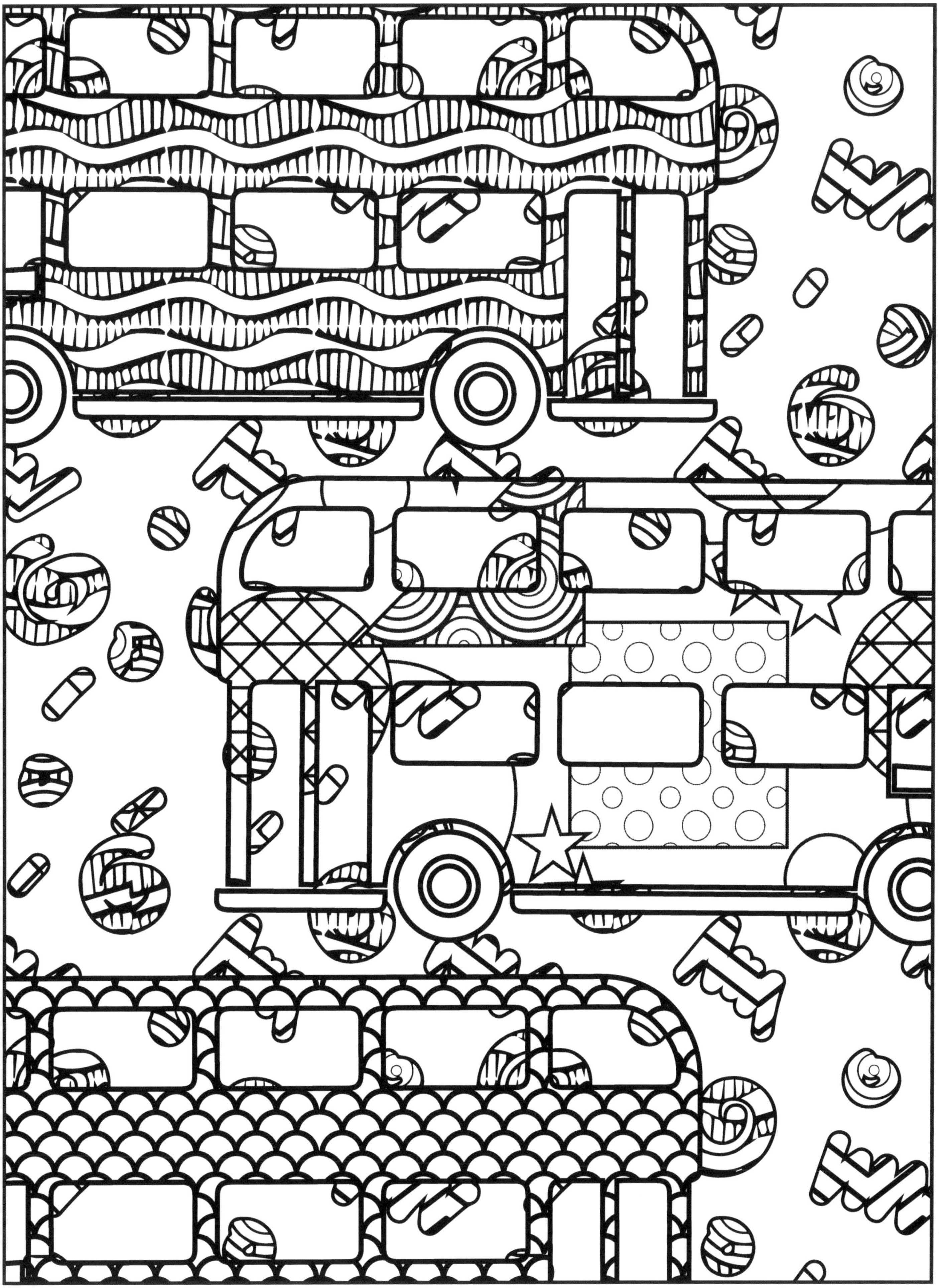

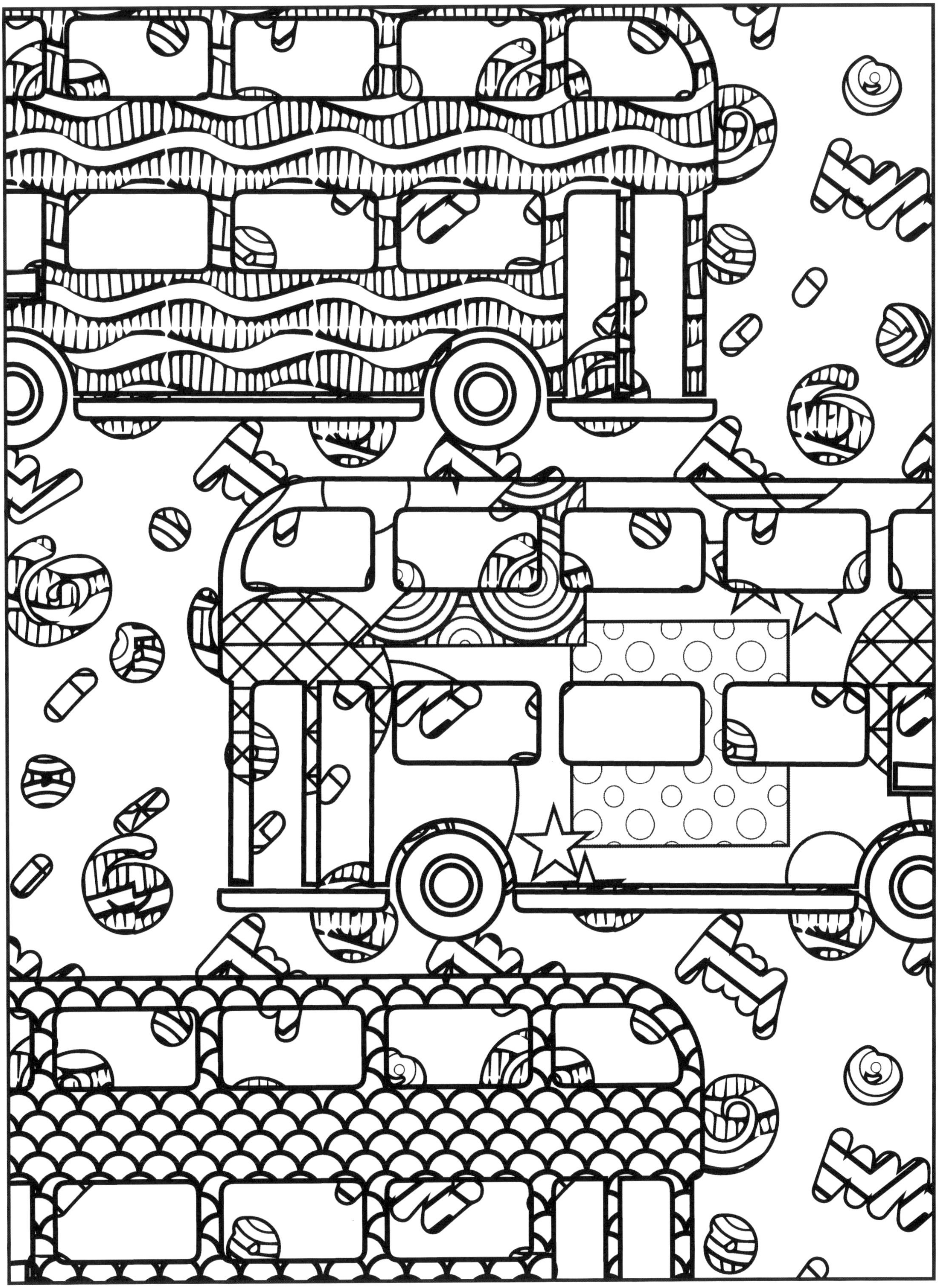

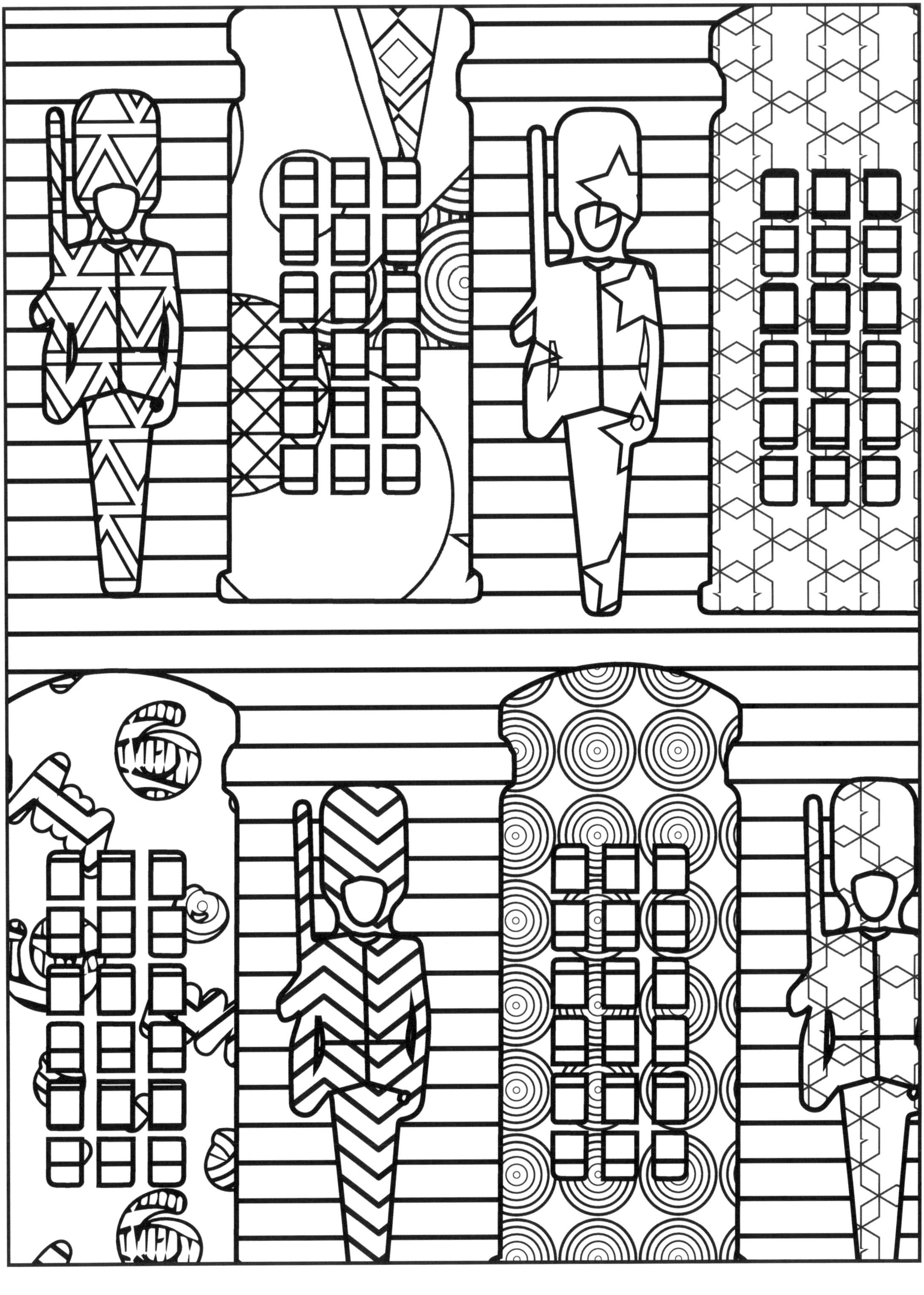

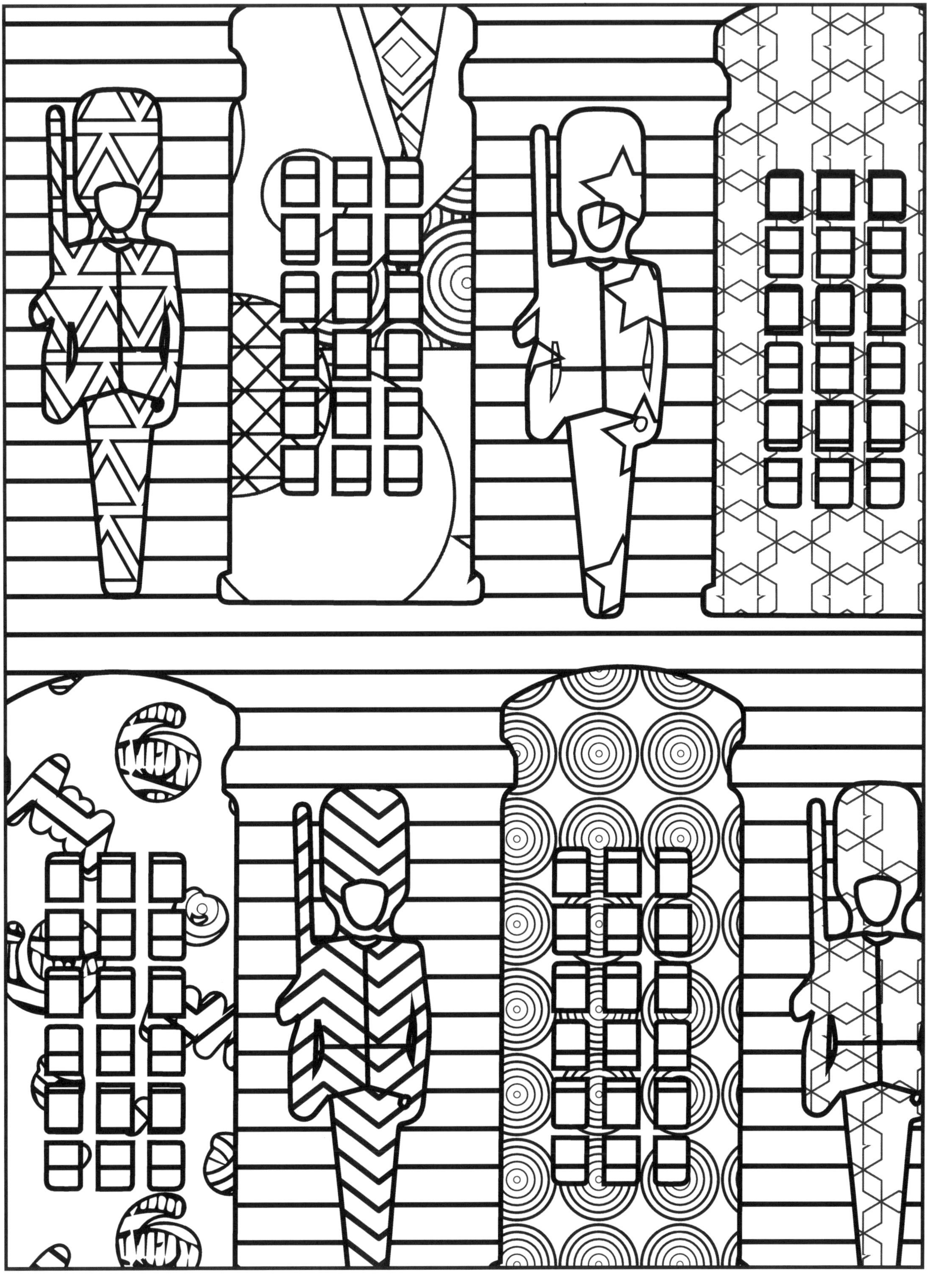

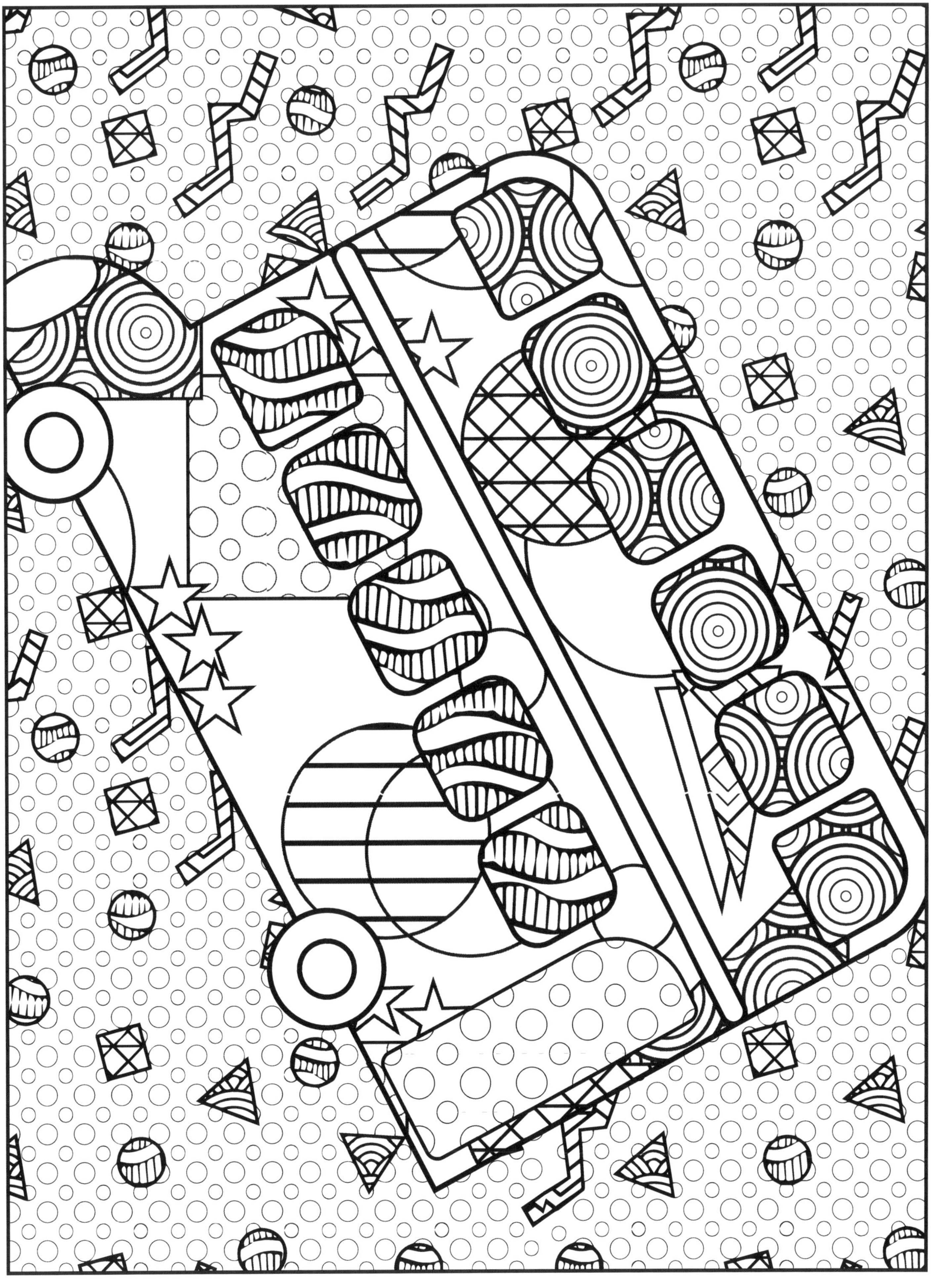

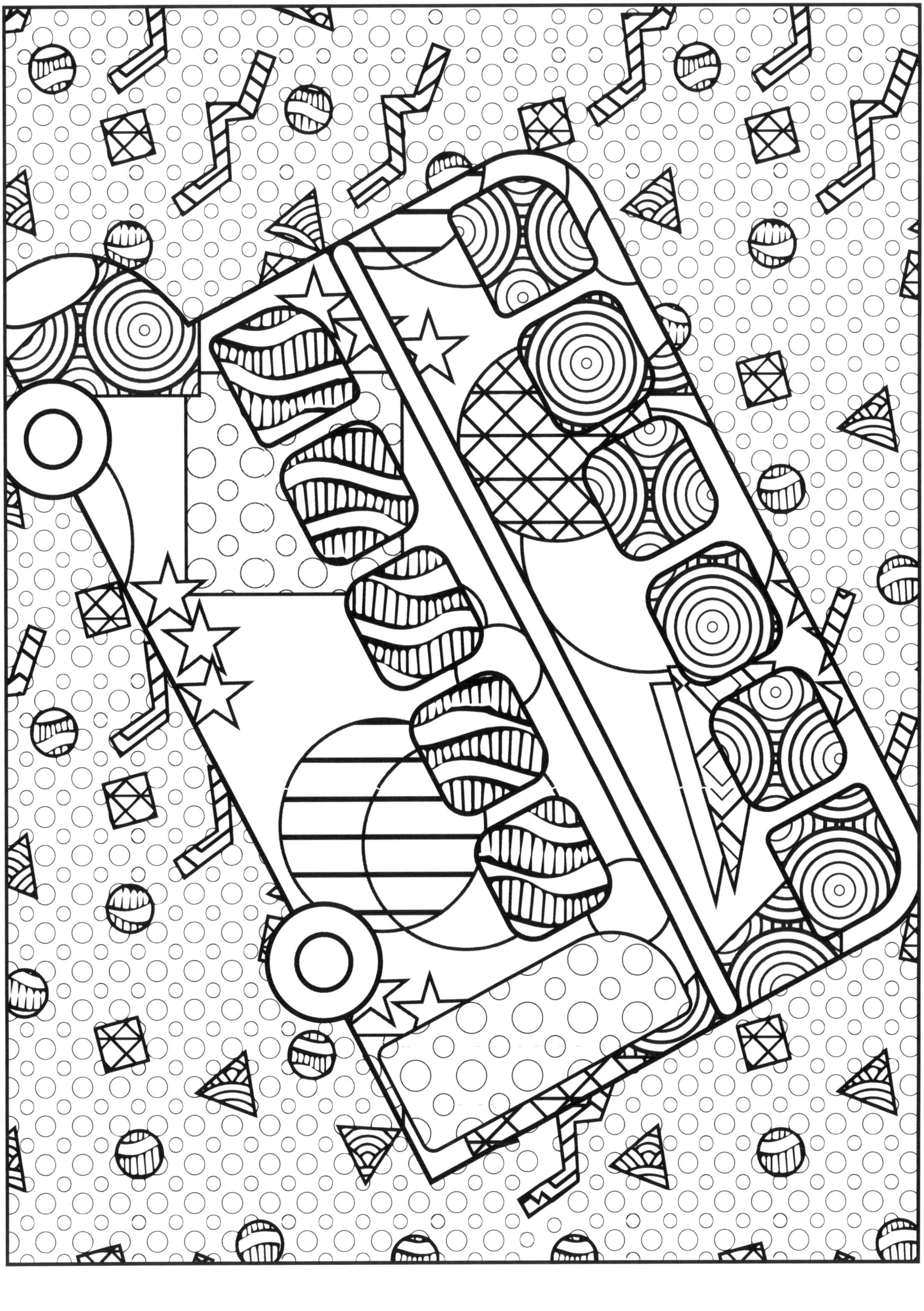

FISH AND CHIPS
SH AND CHIPS FIS
FISH AND CHIPS
SH AND CHIPS FIS
FISH AND CHIPS
FISH AND CHIPS
SH AND CHIPS FIS
FISH AND CHIPS

FISH AND CHIPS
SH AND CHIPS FIS
FISH AND CHIPS
SH AND CHIPS FIS
FISH AND CHIPS
FISH AND CHIPS
SH AND CHIPS FIS
FISH AND CHIPS

Made in the USA
Coppell, TX
02 December 2019

12236636R00037